AF288719

KURT MARTI

Die gesellige Gottheit

Ein Diskurs

RADIUS

Kurt Marti (1921–2017)
studierte Jura und Theologie in Bern und Basel
Im Dienst des Ökumenischen Rates ein Jahr in Paris
Pfarrer in Leimiswil, Niederlenz
und bis 1983 an der Nydeggkirche in Bern
Preise und Auszeichnungen: u. a. Lyrik-Preis Radio Basel (1957)
Johann-Peter-Hebel-Preis des Landes Baden-Württemberg
Großer Literaturpreis des Kantons Bern (beide 1972)
Ehrendoktorwürde der Universität Bern (1977)
Buchpreis der Stadt Bern (1990), Kurt-Tucholsky-Preis (1997)

Lieferbare Radius-Bücher von Kurt Marti:

DU. Rühmungen
Fromme Geschichten
geduld und revolte. die gedichte am rand
Die gesellige Gottheit. Ein Diskurs
gott gerneklein. gedichte
Gott im Diesseits. Versuche zu verstehen
Heilige Vergänglichkeit. Spätsätze
Prediger Salomo
Die Psalmen. Annäherungen
Schöpfungsglaube. Die Ökologie Gottes
Ungrund Liebe. Klagen, Wünsche, Lieder
Von der Weltleidenschaft Gottes. Denkskizzen

ISBN 978-3-87173-300-0
Copyright © 2020 by RADIUS-Verlag GmbH Stuttgart
Alle Rechte der Verbreitung, auch durch Film, Funk, Fernsehen,
fotomechanische Wiedergabe, Tonträger jeder Art,
auszugsweise erfolgenden Nachdruck oder Einspeicherung
und Rückgewinnung in Datenverarbeitungsanlagen aller Art,
sind vorbehalten.
Umschlag: André Baumeister
Auf holz- und säurefreiem Werkdruckpapier gedruckt
Gesamtherstellung: CPI – Clausen & Bosse, Leck
Printed in Germany

Die Dreifaltigkeitslehre ist die theologische Formulierung des christlichen Glaubens, daß Gott die Liebe ist und daß mit dieser Liebe nicht Eros, sondern Agape gemeint ist, das heißt kein Verlangen, etwas zu besitzen, das einem fehlt, sondern eine gegenseitige Beziehung, kein ewig ›gegebener‹ Zustand, sondern ein dynamisch freier Ausdruck.

Wystan Hugh Auden (1907-1973)

Die Dreieinigkeit ist das Erkennungszeichen des Christentums und die zentrale Theologie einer klassenlosen Gesellschaft.

Geevarghese Mar Osthathios
(*1918, orthodoxer indischer Theologe)

Wenn es 1 Joh. 5,3(8) heißt: Drei sind eins, So ist es nicht das arithmetische Eins, sondern das wahre Eins Joh. 17, welches auswendig zwar eins ist, innwendig aber eine Myrias, ein Jnnbegriff des verborgenen Vielen, das aus dem einen geht, und in Einem besteht. Daher kommt die Jrrung von dem Begriff der Dreiheit.

Friedrich Christoph Oetinger (1702- 1782)

Die gesellige Gottheit am Werk

1

Von Ur an:
Gott in Geselligkeit,
Gott mit Sophia,
der Frau, der Weisheit,
geboren,
noch ehe alles begann.

Sie spielte
vor dem Erschaffer (SPRÜCHE 8,22-31),
umspielte, was er geschaffen,
und schlug, leicht hüpfend von Einfall zu Einfall,
neue Erschaffungen vor:
Warum nicht einen anmutig gekurvten Raum?
Warum nicht Myriaden pfiffiger Moleküle?
Warum nicht schleierwehende Wirbel, Gase?
Oder Materie, schwebend, fliegend, rotierend?
So sei es, lachte Gott,
denn alles ist möglich,
doch muß auch Ordnung ins Ganze –
durch Schwerkraft zum Beispiel.
Dazu aber wünschte Sophia sich
ebensoviel Leichtigkeit.
Da ersann Gott die Zeit.
Und Sophia klatschte in die Hände.
Sophia tanzte, leicht wie die Zeit,
zum wilden melodischen Urknall,
dem Wirbel, Bewegungen, Töne entsprangen,
Räume, Zukünfte, erste Vergangenheiten –
der kosmische Tanz,
das sich freudig ausdehnende All.
Fröhlich streckte Sophia Gott die Arme entgegen.
Und Gott tanzte mit.

2

Am Anfang also: Beziehung.
Am Anfang: Rhythmus.
Am Anfang: Geselligkeit.
Und weil Geselligkeit: Wort.
Und im Werk, das sie schuf,
suchte die gesellige Gottheit sich
neue Geselligkeiten.
Weder Berührungsängste
noch hierarchische Attitüden.
Eine Gottheit, die vibriert
vor Lust, vor Leben.
Die überspringen will
auf alles,
auf alle.

3

Bildchen, naiv.
Doch wie sonst faß ich's?
Imagines, imaginatio.
Denn wer glaubt, glaubt an Wunder.
Wunder ist der Inhalt jeder Theologie.

Das gesellige Buch

1

Ein Buch?
Mehr noch: eine Bücherei!
66 verschiedene Bücher
von nicht nur 66 verschiedenen Autoren,
denn manch eines enthält
(nach Art der hölzernen Babuschkas)
in sich wiederum
drei, vier kleinere Bücher verschiedener Autoren.

2

Nicht zu vergessen
die namenlosen Scharen
späterer Bearbeiter, Ergänzer, Verknüpfer,
der fromme Fleiß
ihrer minutiösen Text-Finissage
während rund eines Jahrtausends
jüdisch-urchristlicher Geschichte.

3

Allmählich entstand so:
ein Bücherbuch vieler Stimmen,
die nacheinander,
nebeneinander,
durcheinander,
gegeneinander,

miteinander
reden, singen, murmeln, beten.
Dissonanzen? Jede Menge.
Widersprüche? Noch und noch.
Kein ausgeklügelt Buch.
Hundert-Stimmen-Strom
(selbst Schriftgelehrte ermessen ihn nicht) –
wohin will er tragen?
Über Schwellen, Klippen, Katarakte
heimzu, heilzu (hoff ich).

4

Merklich oder unmerklich nämlich
strömen die verschiedenartigen,
die verschiedenzeitlichen Stimmen
denn doch
und stets wieder
zu EINER Stimme zusammen:
»Das Wunder dieses Zusammenfließens
ist größer als das Wunder
eines einzigen Autors.« (EMMANUEL LEVINAS)

5

Viel-Stimmen-Buch also,
geselliges Buch
(geselligstes der Weltliteratur!):
in ihm wird
die EINE,
die verläßliche Stimme
der geselligen Gottheit laut.

Erwählter Planet

1

Gott: nicht irgendwo.
Nicht irgend anderswo.
Kein Etwas.
Nicht besitzbar.
Unter uns.

Sagt der Galiläer.

2

Auf diesem Planetchen,
wo in Jahrmillionen Leben gelang,
wo gesprochen wird
im rundum schweigenden All,
wo Liebe, das Wunder,
einzigartig geschieht,
wo Erdgesetze (physikalisch, chemisch usw.)
zur Wiege wurden
kreatürlicher Freiheit:
Lilien erblühen im Feld,
Vögel fliegen am Himmel,
Worte von Mund zu Mund.
Kranke finden Pflege,
Menschenrechte heben ihr Haupt,
Tierrechte, Pflanzenrechte allmählich auch.

3

Draußen jedoch:
Explosionen, ungeheuer!
Vulkanische Exzesse.
Atomare Spektakel.
Löcher im All.
Gestirne, die aufeinander prallen.
Wer faßt's?
Hier aber,
nach vorzeitlicher Sintflut,
die Perlmuttbrücke, der Regenbogen –
Siegel einer Güte,
die Leben verspricht
für die nächsten paar tausend Jahre.
Und auch, denke ich,
der Wunsch der geselligen Gottheit,
ein pied-à-terre unter uns zu haben,
ein pied-à-coeur dazu.

»Wisset ihr nicht,
daß ihr Gottes Tempel seid?« (1.KORINTHER 3,16)

4

»Erwählung« – ob ein solches Wort
wohl noch Vernunft hat, noch Sinn?
Nach so viel Vernichtungsorgien
von Menschen, von Völkern,
die sich erwählt glaubten,
denke ich eher: Nein.
Es wäre denn,
wir wollten unter Erwählung verstehen,
daß Pflanzen, Tiere, Menschen,
daß alles, was lebt,

dazu ausersehen ist,
auf diesem kleinen Planeten
eine Vergänglichkeit lang
atmen, lieben, sich tummeln zu dürfen.
So: ja.
Nur so.

Ich stelle mir vor: auch
der Erdmatriot aus Nazareth
hätte das Wort Erwählung
nicht anders brauchen mögen.

Die Enteignung

1

Erde, blauer Planet.
Erde, der lebensträchtige Humus.
Vom Humus genommen,
zu Humus werdend:
Homo, der Mensch.

2

Heilig die Erde,
heilig der Humus
(jeder Kubikmeter durchwimmelt
von 30 Millionen Mikrolebewesen!),
heilig der Boden.

Unheilig:
der Raubzug,
Gottes Enteignung,
Gottes Vertreibung,
Umzäunungen, Verbote:
PRIVAT!
(zu deutsch: GERAUBT)

3

Sind Milliarden
von Fadenwürmern und Bärtierchen,
von Milben, Springschwänzen, Enchyträen,

Abermillionen
von Insekten, Würmern, Asseln,
von Hundert- und Tausendfüßlern
im Humus
vielleicht das Werk
der Herren, der Frauen PRIVAT?
Lachhaft.
Trotz Agrochemie und Bioziden
werden noch immer
genug Mikrotierchen übrigbleiben,
um fertig zu werden mit uns,
um auch den letzten Homo
zurück in Humus zu verwandeln.

4

Gott unter uns?
Ja:
unter uns Räuber gefallen!
Ausgeplündert,
an Zuhälter verkauft,
von Wucherern verhöhnt:
Was braucht das Gottgespenst Immobilien?
Ist doch mobil! Kann doch fliegen!
Hat doch Sein Jenseits!

5

»Eine Wurzel aller bösen Dinge
ist die Habgier«, diktierte Paulus (1. TIMOTHEUS 6,10).
Usura, zürnte Ezra Pound.
Schwungrad der Ökonomie,
        rühmte Milton Friedman.

Wer hat, dem wird gegeben.
Wer nichts hat, dem wird genommen
(die Arbeitskraft, die Gesundheit, das Leben).
Wo leben wir denn?
Seit die gesellige Gottheit
keinen Boden mehr hat unter unseren Füßen:
in der Bodenlosigkeit ungeselliger Gier,
im real existierenden Nihilismus.

6

Widerstand, Widergang einst im Versuch,
das Geraubte zurückzugeben,
Gottes Enteignung wieder gutzumachen,
österlich, pfingstlich
in Jerusalems Urgemeinde:
»Alle Gläubigen hatten alles gemeinsam.«
        (APOSTELGESCHICHTE 2,44)
Sollte heißen:
Keine Teilung von Brot und Wein
ohne Teilung aller Mittel zum Leben.
Oder:
Keine Gemeinschaft des Glaubens
ohne Gemeinschaft der Güter.

Doch bald,
doch kläglich
scheiterte der hochgemute Widergang.
Hat scheitern müssen, sagen Ökonomen
und erklären, weshalb.
Weiter schwelt,
weiter wütet der Krieg
aller gegen alle –
bis zur Vernichtung von allem?

Noch aber,
noch immer
blinkt durch friedlose Nacht
das Licht jenes heiligen Scheiterns.
Blinkt hoch
über Verboten, Elektrozäunen.
Erzählt von einem Reichtum,
der verläßlicher ist
als Gold aus Südafrika.

Wagnis der Nähe

1

Was, ach, ist Atheismus
verglichen mit der Nähe
einer geselligen Gottheit,
die im Menschen,
dem gewagtesten, gefährlichsten Ihrer Geschöpfe
auch scheitern kann?

2

Ich verspüre, sinnt eine Frau,
daß Gott das Geheimnis des Lebens ist,
zart und zerbrechlich.
Wie ein Korn verbirgt es sich in der Erde.
Wartet in dir, in mir.
Klopft an die Panzerungen.
Läßt Bilder blühn in schlafloser Nacht.
Redet durch Schmerzen.
Fragt in Angst.
Murmelt Worte, uralt.

3

Gab Sich,
Zeitferne verlassend,
anheim der Geburtlichkeit,
der Sterblichkeit auch.
Setzt Sich,

verletzbar, vernichtbar geworden,
aufs Spiel im gewagtesten,
im gefährlichsten Seiner Geschöpfe.
Ist Wort,
ist Verstummen:
Auschwitz, Hiroshima.
Rauch am Himmel.
Die Schrift an der Wand.

4

Der Allmacht aufgab,
damit Widermacht sei:
die Welt!

Der Menschen wagte,
damit Gespräch
und Geselligkeit werde.

Der Heimat verließ,
um Heimat zu suchen
hier.

Du, ich, wer immer:
Ort Seines erhofften Gelingens,
Ort Seines gefürchteten Scheiterns.

Uns suchend näher
als wir uns selber.
Wer faßt's?

Tiere, Engel

1

»Und Er war bei den Tieren,
und die Engel dienten Ihm« (MARKUS 1,13),
ehe Er aufbrach
zum messianischen Werk
unter den Menschen.

Tiere, Engel:
Jesus nahe,
nah auch einander –
lange vor Bileam
gewahrte sein Esel
den Engel des Herrn (4.MOSE 22).

Warum überhaupt
schreiben wir Engeln
stets Menschengestalt zu?

2

Human-rassistisch
unser Injurienvokabular:
»du Hund«,
»du Aff«,
»du Kuh«,
»du Schwein«
(just Schweine aber
sind ausgesprochen intelligent,
sind ausgesprochen reinlich).

Perfid das Gerede
von »bestialischer«,
von »viehischer« Grausamkeit –
so grenzenlos grausam
wie Menschen
sind Tiere niemals.

3

Qualvoll die Enge der Tierfabriken,
Marter der Massenmast, lebenslänglich,
Todespanik in Betäubungsboxen,
wo Stromzangen zupacken,
Bolzen dumpf die Gehirne
der Rinder zerschmettern.

Anschwellen,
gleichzeitig und weltweit,
von zwischenmenschlicher Brutalität:
Gewalt gegen Frauen, Kinder, Greise,
Elektro-Folter, Menschen-Killing.

Georg Trakl hingegen,
angesichts eines Kalbskopfs
(ausgesetzt, ausgestellt als Trophäe
an ländlicher »Kirch«[!]-Weih)
zitternd am ganzen Leibe,
fassungslos murmelnd:
»Das ist unser Herr Christus.«

4

Aale? Voll Quecksilber jetzt.
Fische? Krepieren an Flossenfäule
oder kopfgroßen Tumoren.

Meervögel? Serbeln dahin.
Und mit Flußauen verschwinden
Bachstelzen, Wasseramseln,
Sandregenpfeifer, Flußuferläufer
und selbst die Libellen
(älter als alle Insekten und Vögel).

Fortzu weniger Schmetterlingsarten.
Fortzu weniger Laubfrösche.
Fortzu weniger Kleintierchen.
Fortzu weniger Laufkäfer.

5

»O gräßlicher Irrtum der Menschen,
zu wähnen,
daß die Tierwelt nur um ihretwillen da sei
und folglich
rücksichtslos verbraucht werden dürfe.
Jedes Wesen ist vor allem nur da,
um sich seines Daseins zu freuen.«
     (CHRISTIAN WAGNER)
Denn Tiere sind:
krabbelnde, kriechende,
schwimmende, fliegende Phantasien
der geselligen Gottheit.

6

Jesus war mit den Tieren,
die Tiere waren mit Ihm:
bei der Geburt schon,
im Stall.

Jesus,
von einer Frau zum Christus gesalbt

1

Das Wort
ist Fleisch,
die gesellige Gottheit
Mensch geworden
im Mann von Nazareth.

2

Knechtsgestalt, ja,
Anpassung an historischen Zwang,
ans Patriarchat:
nicht durften Frauen
mitreden im Gottesdienst
oder sonstwo
sich öffentlich äußern;
durften nicht Zeugin sein,
selbst wenn sie Zeuginnen waren.

Der Göttin Gott blieb keine Wahl:
Ihr Wortführer mußte Mann sein.

3

Jesus, ein Mann,
doch kein Patriarch,
Frauen Unterwerfung gebietend

im Bett, im Haus,
erst recht in der Öffentlichkeit.
Entschieden widersprach Er Ehegesetzen,
die männlicher Willkür Rechtskraft verliehen.
Stets lagen Frauen mit Ihm zu Tisch,
Verstoßene, Verarmte, Prostituierte darunter.
Von einer Heidin ließ Er sich theologisch belehren.
Ein Mann: aber frei und befreiend
zum neuen Schalom zwischen Mann und Frau!
Und so scharten sich eigenständige Frauen um Ihn:
Maria aus Magdala oder Susanna
oder Johanna, Gattin eines herodianischen Beamten
»und viele andere, die
mit ihrem Vermögen für sie sorgten«. (LUKAS 8,3)

4

Unerheblich die Frage,
ob Er, wie jeder jüdische Rabbi, verheiratet war
oder das Lager mit einer Freundin teilte.
Ihn prägte Weisheit, uralt (1. MOSE 1,27):
Mann und Frau als Abbild
der geselligen Gottheit.

5

Er, der Christus, der Gesalbte –
wer aber hat Ihn gesalbt?
Kein Priester, kein König, kein Jünger.
Eine Frau hat's getan,
ohne Regel und Ritus, intuitiv.
Eine Frau ohne Namen
(vom Patriarchat um ihren Namen gebracht):

»Und wahrlich, ich sage euch:
Wo immer auf der ganzen Welt
das Evangelium verkündet wird,
da wird zu ihrem Gedächtnis erzählt werden,
was sie getan hat.« (MARKUS 14,9)

6

Wird Er wiederkommen? Und wie?
Vielleicht – nach Ende des Patriarchats –
als messianische Frau?
Oder – jeder Knechtsgestalt ledig –
als messianisches Paar?

Wiederkunft? Wenn ja,
dann nicht: Wiederholung!
Was war, wird sein,
aber anders.
Erfindungsreich überraschen
wird die gesellige Gottheit,
Männlichkeit, Weiblichkeit gemeinsam,
»wohin alle Religion,
alle Weisheit,
alle Kunst wollen«. (FRANZ VON BAADER)

Krankheit, Heilung, Heil

1

Heilungen
»traten in der Jesusbewegung
an die Stelle,
die in der Widerstandsbewegung
terroristische Aktionen inne hatten«. (GERD THEISSEN)
Widerstand jedoch auch sie:
Befreiung (wenn schon punktuell erst)
zum aufrechten Gang
unterm Terror von Mächten,
der Menschen verkrümmt,
sie kleinmütig halten will.

Und so: Leuchtzeichen des Heils,
des großen Schalom!

2

Lahme gehen,
Blinde sehen,
Taube hören:
Sinne, wiedergewonnen,
schenken dem Dasein
wieder Sinn.

Und von neuem
nehmen Geheilte teil
an Gemeinschaft, Geselligkeit, Kampf.
Geheilt z. B. Maria aus Magdala:
Stütze danach des jesuanischen Kreises,
erste Zeugin des Auferweckten,
apostola apostolorum.

3

Und der Heiler?
Bleibt krank mit Kranken,
solange noch Rücksichtslosigkeit
oder Elend
oder ein Schicksal, unratbar,
stets wieder krank macht:
»Ich war krank,
und ihr habt mich besucht.« (MATTHÄUS 25,36)

Bleibt mit den Kranken,
die Ihm oft näher
als heillos Gesunde
(»heillos«? ja – Gesunde sind's,
die Gottes Schöpfung zerstören).

4

Kranke besuchen,
falls sie besucht sein wollen.
Kranke allein lassen,
falls sie allein bleiben wollen.
Kranke pflegen, denn:
»Um die Kranken soll man
vor allem und über alles
besorgt sein.
Man diene ihnen so,
wie wenn man wirklich
Christus dienen würde.« (BENEDIKTINER-REGEL)
Man diene ihnen so,
wie man möchte,
daß uns, wenn wir krank sind,
gedient wird.

5

Unmöglich,
in einer Welt,
deren Krankheit
die Gesunden sind,
gesund zu bleiben.

»Arzt, du sagst, daß ich gesund sei,
Daß nur meine Seele wund sei,
Nicht der Körper: denn mein Mund sei
blühend und mein Auge blank –
Arzt, du sagst, daß ich gesund sei:
Ich bin krank.« (FRANZ GOLFFING)

6

Umkehr also,
Glaube,
Widerstand:
kann's bessere,
tiefere Heilung geben
für Gesunde wie Kranke?

Und dazu
die Bitte,
daß in uns wachse,
daß zu uns komme der Schalom
der geselligen Gottheit
(herstellend wieder Sinne und Sinn),
daß komme das Heil,
die kranke Welt
der Gesunden zu heilen.

Das Gebot der Entwaffnung

1

Leg deine Waffe weg,
wies der nie Bewaffnete einen Freund zurecht,
der ihn verteidigen wollte,
denn wer zur Waffe greift,
wird durch die Waffe umkommen
      (vgl. MATTHÄUS 26,52).

Worauf sich die Christen
drei Jahrhunderte lang
an diese Weisung gehalten,
Militärdienst und Waffengebrauch verweigert haben,
auch wenn sie,
ohne selber zur Waffe zu greifen,
durch Waffen umkamen.

2

Danach dann
die konstantinische Wende,
die Machtergreifung des Christentums.
Doch nicht das Christentum hat die Macht,
die Macht hat das Christentum verändert,
z. B. durch die häretische Praxis der Waffen:
noch heute erlernen Christen
das Handwerk des Tötens,
dienen ums tägliche Brot
in Industrien der Rüstung, des Todes.

Theologische Väter (also: Männer)
haben der häretischen Praxis
»rechtgläubige« Argumente geliefert,
jesusfremd zwar,
dafür – klug, verdammt klug oft! –
Natur, Vernunft und Geschichte beschwörend.

3

Ja, auch ich
hätte seinerzeit
als Soldat wohl geschossen,
falls die Knobelbecher-Armee
(grölend im voraus schon:
»Die Schweiz in ihrer Blütenpracht,
die nehmen wir in einer Nacht«)
in unser Land, das kleine,
eingefallen wäre.

Ja, ich hätte,
ja, voll Wut –
und heute noch
schlägt das Herz, das alte,
für kleine Völker,
die sich gegen die Arroganz
mächtiger Eroberer, Unterwerfer
mit Waffen wehren.

4

Und dennoch:
kein einziges Wörtlein
hat Jesus sich entlocken lassen
(obwohl es Judas vielleicht versuchte)

zugunsten eines
auch noch so gerechten Krieges
(zur Befreiung etwa
der Juden vom römischen Joch).

Blasphemisch vollends die Vorstellung,
Er hätte die Landesverteidigung
zur Bekenntnisfrage machen können
(wie üblich z. B. in der Schweiz).

5

In Labors, in Arsenalen inzwischen
häufen sich Waffen,
die mitvernichten auch den,
der sie einsetzen würde.
»Der Krieg kommt endlich selber am Kriege um;
seine Vervollkommnung wird seine Vernichtung«
(hoffte JEAN PAUL – notabene: 1808!).
Nach wie vor jedoch droht
die schlimmere, schlimmste Möglichkeit:
der vollkommene Krieg vollkommner Vernichtung.

Und jetzt erst,
jetzt erkennbarer denn je,
stellt sich heraus,
wie fast unheimlich genau
der niemals Bewaffnete
die Logik der Waffen
selbstmörderisch, weltmörderisch –
erfaßt hat,
wie weit er schon immer voraus war:
Wer zur Waffe greift,
wird umkommen durch die Waffe,
die er ergreift.

6

Zeit,
höchste Zeit,
der häretischen Praxis der Waffen
ein Ende zu setzen:
»Selig die Gewaltlosen,
denn sie werden das Erdreich besitzen.«
    (MATTHÄUS 5,5)

Zeit,
höchste Zeit,
aufzurüsten und stark zu machen
den Schalom,
der Konflikte in neue Begegnung verwandelt:
»Selig die Friedensmacher und -macherinnen,
denn sie werden Söhne und Töchter Gottes heißen.«
    (MATTHÄUS 5,9)

Zeit,
höchste Zeit nun,
auch Feinde (vermeintliche, tatsächliche)
einzuschließen, einzubinden
in Fürbitte, Geselligkeit, Liebe:
»Liebet eure Feinde
und bittet für die,
die euch schmähen und verfolgen.« (MATTHÄUS 5,44)

Die Welt, der Acker

1

Zynisch wären
Gedanken, verschwendet
ans Leben nach meinem Tod,
angesichts derer,
die vor ihrem Tod
nur Elend kennen.

Zynisch der Wunsch
nach Jenseitsfreuden,
solange im Diesseits
Millionen verhungern.

2

Ohnehin stört mich,
daß der Glaube an Gott
meist gleichgesetzt wird
mit dem Glauben an
jenseitiges Weiterleben.

Mißachtet werden damit
zwei Drittel der Bibel
und das Bibelvolk
ohne Jenseitserwartung.

Darum sei jenen gesagt,
die wähnen,
des Glaubens an Gott zu ermangeln,
weil sie nicht glauben können

an ein Leben danach:
Seht euch bitte doch Israel an!
Ein Volk resoluter Diesseitigkeit,
aber voller Leidenschaft für Jahwe,
voller Zuneigung für Sophia, seine Gesellin!

Und ein Sohn dieses Volkes,
das Gott nicht degradierte
zum Vermittler himmlischer Zweitwohnungen:
Jesus!

3

Unsterblichkeit der Seele?
Unsterblich, mein' ich,
ist Gott allein.

Biblischem Denken fremd überdies:
das Spukbild leibloser Seelen,
die Minderachtung des Körpers
und überhaupt
– weil anti-gesellig –
jeglicher Dualismus
Geist gegen Leib,
Seele gegen Materie.
»Energie ist das einzige Leben
und kommt aus dem Körper.« (WILLIAM BLAKE)
Seele nenn' ich deshalb
das Leben des Leibes.

Wenn schon,
dann alles zugleich und noch mehr,
das totale Wunder:
Auferstehung des Leibes!
Oder wie der Magus des Südens sagte:

»Leiblichkeit ist das Ende
der Werke Gottes.« (FRIEDRICH CHRISTOPH OETINGER)

4

Was mich nun betrifft,
alt schon,
dem Tode stets näher:
bei Gott (sagt Jesus)
sind alle Dinge möglich
– selbst postmortales Leben.
Doch was soll's?
Ob Auferstehung (des Leibes!),
ob Verwehen (nirwanisch?):
gut ist,
was der allein Gute schenkt.
Wozu noch weiter
Kräfte, Sorgen verschwenden
ans »Hernach«?
Es ist in Ordnung gebracht
für alle,
für mich.

Brauch' mich nicht länger
darum zu kümmern.
Bin frei
fürs Jetzt,
für die andern
(so jedenfalls
faß' ich das Evangelium auf
– naiv, mag sein –
von der Rechtfertigung
des Sünders K. M.).

5

Und darum:
»Was steht ihr da
und blickt zum Himmel empor?«
   (APOSTELGESCHICHTE 1,11)
Wo doch der Himmel herabblickt zur Erde,
seitdem ihn Christus
um unseretwillen verließ,
um neue Geselligkeit zu stiften
unter den Menschen.

»Die WELT ist der Acker« (MATTHÄUS 13,38),
der unseres Sorgens und Mühens bedarf.

Gerechtigkeit

1

Der Glaube?
Schläft mit der Hure
Profit.
Die Hoffnung?
Ausgewandert
zu anderen
Völkern.
Die Liebe?
Erblindet
am geläufigen
Unrecht.

2

»Wehe dem,
der – wie lange noch? –
aufhäuft, was nicht sein ist!
Werden jene nicht plötzlich aufstehen,
die Rechenschaft fordern von dir,
und jene erwachen,
denen du nicht entrinnen kannst?
Viele Völker hast du ausgeplündert,
und darum werden auch dich
ausplündern viele Völker
um deiner Blutschuld willen,
um der Verwüstungen willen
der Erde, der Wohnstätten,
um der Gewalttat willen
wider ihre Bewohner.

Wehe dem,
der bösen Gewinn hortet
in seinem Haus und meint,
in sicherer Réduit-Höhe
gerettet zu sein
vor dem Unheil.« (HABAKUK 2,6-9)

3

Recht:
ein Recht oft
der Stärkeren.

Recht:
ein Recht oft
der Reichen.

Gerechtigkeit aber
fordert Recht
für die Schwachen.

Gerechtigkeit
fordert Recht
für die Armen.

Jesus starb
für die Macht
der Gerechtigkeit.

Jesus starb
durch das Recht
der Mächtigen.

4

Es bleibt Sein Wort
an die Herren, die Raffer in unserer Welt,
die sich rühmt, die erste zu sein:
»Erste werden Letzte,
Letzte werden Erste.« (MATTHÄUS 20,16)

Es bleibt Gottes Parteilichkeit
nach unten.
Darum – ob gewollt, ob ungewollt –
ist Theologie immer parteilich:
entweder für
oder gegen die Unterdrückten,
entweder Theologie des Lebens
oder Theologie des Todes.
Ein Drittes gibt es nicht,
keinen neutralen Standort.

5

Der Glaube?
Solidarität mit den
Entwürdigten.
Die Hoffnung?
Erwachend
in den Armen.
Die Liebe?
Kampf
für Gerechtigkeit.

6

»Jesus, unser Befreier!«
bekennen Enteignete, Entrechtete,
und brechen Sein Brot füreinander
und lernen es,
das gesellige Buch
mit neuen Augen zu lesen,
und singen das neue Lied:
»Für diese Erde ohne Licht
wird der Herr geboren.
Um die Finsternis zu besiegen,
wird der Herr geboren.
Um unsere Welt zu verändern,
wird der Herr alle Tage geboren.
Um die Freiheit zu bringen,
wird der Herr geboren.
Um die Ketten zu zerbrechen,
wird der Herr geboren.
In jedem Menschen, der frei ist,
wird der Herr alle Tage geboren.«
            (VAMOS CAMINANDO, PERU 1977)

7

Die Gerechtigkeit kommt
von den hereinbrechenden Rändern,
von Armen, die uns den Reichtum bringen
der geselligen Gottheit,
von Schwachen, die uns die Stärke lehren
von Solidarität und Liebe.

Gericht?

1

Durch einen Friedhof laufen.
Grabsteine, Grabkreuze.
Namen, Namen.
Wortkarge Kindergräber,
oft sprachlos:
»Warum?«

2

Kein Wort,
kein Zeichen erzählt
von einem Gericht.

Denn längst schrecken nicht mehr
himmlische Schauprozesse,
Verdammnisse, postmortale Scheidungen
(»Gesegnet!«, »Verflucht!«).
Von Ruhe, von Frieden
träumt unsere Sehnsucht.

3

Nun gut,
auch mir geht's so –
und dennoch Zweifel.

Wäre,
wenn da kein Gott mehr, der richtet,
die Diktatur des Faktischen

nicht absolut,
und die Weltgeschichte das Weltgericht?
Vergeblich dann der Tod all derer,
die für Entrechtete kämpften, für eine neue Welt.
Vergeblich der Tod am Kreuz.
Vergeblich erst recht die Hekatomben
der um ihr Leben betrogenen Opfer.

4

Kein Gericht?
Heillose Aussicht.
Doch Gericht?
Ach, wüßt' ich's.

Denkbar neuerdings auch,
daß die gesellige Gottheit,
wenn scheiternd in uns,
das Experiment »Menschheit« abbricht, aufgibt.
Vielleicht, ach, bittet die Erde sogar darum.
Oder es bitten die Pflanzen.
Oder es bitten die Tiere: Erlöse uns von den
        Menschen!
Gericht auch das.

5

Noch aber
will jenes Versprechen
mir nicht aus dem Kopf:
»Erste werden Letzte,
Letzte werden Erste sein.« (MATTHÄUS 20,16)

Und nicht der,
der es gab.

Geschichte, Ostern

1

Falls Gott das lenkte,
was gemeinhin
Geschichte heißt,
wäre Er,
was gemeinhin
ein Sadist genannt wird,
durch Blutströme watend
von einer Gewalttat
zur andern.

2

Und heute?
Die Aufklärung gescheitert.
Der Sozialismus ratlos.
Die Kirchen kompromittiert.
Ist der Mensch zum Krebs der Erde geworden?
Geschichte verschlingt die Natur.
Der Hunger rückt vor.
Die Hochrüstung schenkte High-Tech.
Nicht einmal Blut
muß mehr fließen im Krieg:
lichtschnell karbonisieren Laserstrahlen
Landstriche, Städte, Menschen,
verbrennen sie ohne Flammen,
im Bruchteil einer Sekunde
alles schwarz,
alles verkohlt.

3

Was immer auch Gott,
was immer Geschichte sein mag –
nie und nimmer geschieht Sein Wille
im Wettlauf nach der vollkommnen Vernichtung.
Das, ach ja,
behaupte ich ohne Beweis,
ein alter Mann mit leeren Händen,
halb wütend,
halb hoffend,
stets fragend:
Ostern,
war da nicht Ostern?

4

Nicht Dschingis-Khan jedenfalls,
nicht Napoleon,
weder Gulbenkian noch Krupp
sind auferweckt worden vom Tod.
Einem galiläischen Provinzler aber
(hartnäckig hält sich dieses Gerücht)
soll's widerfahren sein,
einem,
der so geschichtsblind war,
so heilig verrückt vielleicht,
den Liebenden, den Gewaltlosen
die Erde zu versprechen,
die doch
– von Krise zu Krise,
von Krieg zu Krieg –
fest in der Hand zu sein scheint
von Macht- und Geldhabern
mit ihren Rüstungsgewinnlern,
ihren Fünf-Stern-Feldweibeln.

5

So geh' ich,
wie geh' ich?
Sinnend, fragend:
War da nicht Ostern?
War da nicht Maria aus Magdala,
Letzte unterm Kreuz,
Erste am Ostermorgen,
apostola apostolorum,
Anzettlerin des Glaubens,
Herz der ersten Gemeinde?
Und gehe,
Fuß setzend vor Fuß,
murmelnd, bittend:
Stecke uns an
mit deiner Beharrlichkeit,
o du
mit dem Dutzendnamen Maria,
mach fester
unsere täglichen Schritte
durch die Wahrheit,
die du gewahrtest:
CHRISTUS IST AUFERSTANDEN.

Fällig: neue Abendmahlsbilder!

Ich fürchte,
ich hoffe,
mehr noch:
ich nehme keckerdings an,
daß die Evangelisten
ein bißchen sexistisch gemogelt,
ein bißchen wegretouchiert haben
(und, ihnen folgend,
Legionen frommer Maler).

Oder sollen wir uns
im Ernst weismachen lassen,
daß Jesus,
an dessen Tisch,
wie man weiß,
allezeit Frauen lagen,
just am Vorabend seines Todes
ohne die Jüngerinnen, die treuen,
getafelt,
das Brot bloß seinen Jüngern gebrochen,
nur ihnen den Becher gereicht hat?

Nicht doch!
Und darum:
schaffen wir endlich Platz
in den Abendmahlsbildern
unserer Köpfe, Kirchen,
für Maria aus Magdala,
für Maria, Mutter von Jakobus und Joses,
für Salome,
für Johanna,
für die Mutter der Zebedäus-Söhne
und für alle die anderen Frauen

»die mit Ihm
nach Jerusalem hinaufgezogen waren!« (MARKUS 15,41)

Sie gehören
mit zur neuen Geselligkeit.
Sie gehören
mit an den Gründonnerstagtisch.

Das Kreuz

1

Der Galiläer:
Zeuge göttlichen Lebens,
das auch in uns, den Sterblichen,
eine gute Vergänglichkeit lang
leibhaftig werden,
gesellig uns öffnen will
zueinander.

Der Galiläer:
nichts weniger
als sterbesüchtig,
martyriumsüchtig –
aufbrach Er aus Nazareth,
um zusammen mit Frauen, Männern
freiere Geselligkeit zu leben,
eine neue Gerechtigkeit anzuzetteln,
die endlich auch Rechtlosen
Recht bringt.

Die Mächtigen
und die ihnen Hörigen aber
witterten Aufruhr, Anarchie:
»Er wiegelt mit seinen Lehren das Volk auf
im ganzen jüdischen Land
von Galiläa bis hierher.« (LUKAS 23,5)

Zur Strafe,
zur Abschreckung
ließen sie Ihn
erst foltern,
dann hängen

auf dem Schädelberg:
»Wir haben ein Gesetz,
und nach dem Gesetz
muß er sterben.« (JOHANNES 19,7)

2

Nicht opferte
der himmlische Vater
Seinen Sohn –
wie seit langem
Väter Söhne opfern
in den Machtkämpfen des Patriarchats.

Der Vater im Himmel
verabscheut Menschenopfer
(sagt das Alte Testament).

3

Oder bedurfte Gott
des Blutes Jesu vielleicht,
um uns reinwaschen zu können
von unseren Sünden?

Blut wäscht nicht rein,
Blut beschmiert.

4

Oder sollte der Tote am Kreuz
den Preis unserer Schuld entrichten,
um so der Gerechtigkeit Genüge zu tun,
damit Vergebung möglich werde?
Der Vater im Himmel:
kein Seelen-, kein Sündenkrämer,
dessen Vergebung nur
gegen hohen Blutpreis erhältlich;
und auch kein Gesetzestüftler,
der auf Genugtuung pocht,
damit Seine Vergebung
formales Recht nicht verletze.

5

Vorstellungen dieser
oder ähnlicher Art:
hilflose Versuche, Gottes unendliche Leidenschaft,
mit der Er sich selber aufs Spiel setzt
(ein mögliches Scheitern nicht scheuend),
in Begriffe patriarchaler Herrschaft
zu fassen.

6

Vollkommen anders
sprach Jesus vom himmlischen Vater
und Seiner Vergebung,
etwa im Gleichnis von den zwei Söhnen:
voller Erbarmen,
auch voller Freude

eilt ein Vater da
seinem verlorenen Sohn entgegen,
umarmt ihn, küßt ihn
und bereitet dem Heimgekehrten
ein freudiges Fest (LUKAS 15,11-32).

Nein, kein Opferritus,
kein Rechts- oder sonstiger Handel!
Vergebung, schnörkellos,
freudig –
Gnade, gratia, Grazie, gratis!

Umkehr, Heimkehr, Glaube genügt:
»Dir sind deine Sünden vergeben.« (MARKUS 2,5)

7

Und das Kreuz?
Symbol der Grausamkeit,
widergöttlich, gegenmenschlich.

Solange auf Erden
gefoltert, getötet wird,
erinnern Kreuze und Kruzifixe
an die unendlichen Leiden
Verfolgter, Gequälter, Getöteter,
ruft der Gekreuzigte auf
zum Kreuzzug gegen das Morden.

Jedes Kreuz: ein Seufzer
nach Seinem Reich,
wo's keine Kreuze mehr gibt.

Angst

1

»In der Welt habt ihr Angst« (JOHANNES 16,33),
und jeden Tag macht die Welt
von neuem angst,
weil wir fürchten müssen,
daß die gesellige Gottheit
scheitern könnte an ihr
und alles enden wird
(wehe den Kindern, den Enkeln!)
in endloser Verzweiflung.

2

»In der Welt habt ihr Angst«,
jetzt immer mehr,
da der imperiale Imperativ,
dem wir folgten,
sich entpuppt
als Imperativ der Vernichtung:
»Alle Straßen münden
in schwarze Verwesung.« (GEORG TRAKL)

3

Gäb's einen Satan,
könnte nur er es sein,
der jetzt, der unentwegt in sämtlichen Medien
Optimismus verbreitet.

Aus langer Erfahrung weiß er,
daß Pessimisten kaum,
wohl aber Optimisten
ihre Volker ins Verderben führten.

Jesus: kein Optimist.
Seine Angst zittert neben der meinen.
Geselligkeit auch das.

4

»In der Welt habt ihr Angst,
doch fasset Mut,
ich habe die Welt besiegt«,
sagte Er,
heimgesucht oft
von Visionen apokalyptischer Katastrophen,
heimgesucht schließlich
von seiner Individualapokalypse,
der Katastrophe der Kreuzigung –
Christus,
hämmernder Herzschlag unserer Angst,
deus nudus,
Gott nackt,
Spielball der Mächte:
Ihm glaub ich's.

Alle Gewalt im Himmel und auf Erden

1

»Mir ist gegeben alle Gewalt
im Himmel und auf Erden.
Gehet hin
und machet alle Völker zu Jüngern und Jüngerinnen,
indem ihr sie taufet auf den Namen
des Vaters, des Sohnes und des heiligen Geistes,
indem ihr sie halten lehret alles,
was ich euch befohlen habe!
Und siehe,
ich bin bei euch alle Tage
bis an das Ende der Welt.« (MATTHÄUS 28,18-20)
So der Auferstandene.

Die Christen aber
– zu weltlich / patriarchaler Herrschaft gekommen –
deuteten's allmählich anders,
deuteten's schließlich so:
»Christus ist gegeben alle Gewalt im Himmel,
uns abendländischen Christen alle Gewalt auf Erden.
So lasset uns hingehen,
um alle Völker zu Christen zu machen
nach unserem Vorbild,
indem wir sie taufen
auf den Namen unserer Zivilisation,
indem wir sie halten lehren alles,
was den Interessen und der Herrschaft der
        Weißen dient.
Und siehe,
wir wollen allerorts gegenwärtig sein,
alle Tage
bis an das Ende der Welt.«

2

Opfer dieser – patriarchalen – Gewalt:
Frauen.
Opfer dieser – christlichen – Gewalt:
Juden.
Opfer dieser – rassistischen – Gewalt:
die Menschen, die Kulturen
der Zweidrittelwelt.

3

Anders
die Gewalt des Auferstandenen,
der Jude unter Jüdinnen, Juden war
in einer Provinz
der Zweidrittelwelt (damals, heute).

Anders,
österlich anders Seine Gewalt:
Wärmestrom mitten
im Winter noch der Geschichte!
Taut gefrorene Herzen auf,
durchbricht von unten her
das Eis jeder Herrschaft,
so daß Gebeugte ihr Haupt wieder heben,
voll Hoffnung,
voll Mut.

4

Ihm,
dem vom Schandtod Erweckten,

alle Gewalt!
»Noch ist nicht offenbar,
was wir sein werden.« (1.JOHANNES 3,2)
Pfingstwinde künden
das Ende »jeder Gewalt,
jeder Macht und Kraft« (1.KORINTHER 15,24),
damit auf Erden
gleichwie im Himmel
herrschaftsfreie Geselligkeit sei.

Heiliger Geist

1

Heiliger Geist?
Kein römischer Brunnen,
wo Wasser sich
über Stufen und Schalen
hierarchisch
von oben nach unten
ergießen.

Heiliger Geist:
Quellen,
aufstoßend, aufbrechend
von unten
(an der Basis, ja!),
unauffällig, heimlich zunächst,
erzwingbar nie.

Und jener weise Pfarrer,
der sagte: Meine Arbeit?
Die eines Rutengängers,
der die Gemeinde durchstreift,
nach Quellen suchend,
die ohne mein Zutun sprudeln,
über deren Fassung, Nutzung
wir allenfalls dann
miteinander beraten.

Sogleich aber fügte
der Pfarrer hinzu
(weil er tatsächlich weise war):
»Fassen«, »nutzen« –
hilfloser, untauglicher Wortkram!

Aufsprudelt der Geist,
wo und auch wie er will
und hält sich nicht
an Amt und Struktur –
dabeisein ist alles.

2

Dabeisein, ja,
wenn da,
wenn dort
von untenauf
Quellen springen,
Leben sich rührt.

Dabeisein, ja,
wenn die gesellige Gottheit
zu raunen,
zu reden,
zu wirken beginnt.

Dabeisein, ja,
wenn ihr Geist
Durst nach Gerechtigkeit weckt,
Mut macht zu eigenem Handeln
und neue Geselligkeit stiftet
z. B. mit Flüchtlingen, Verfolgten.

Dabeisein, ja:
nicht beiseite treten,
nicht weglaufen,
der Angst nicht nachgeben,
kein Hindernis werden,
offen bleiben –
»Den Geist dämpfet nicht!« (1.THESSALONICHER 5,19)

Vergebung der Sünden, Kirche

1

Sünde?
Verfehltes Da-Sein, ach,
verfehltes Du-Sein,
verfehltes Ich-Sein,
verfehltes Wir-Sein –
jeder
sich selber Gott,
von eigenen Schatten
wie von Wölfen
über die finstere Öde
des Wintereises gejagt.

2

Ur-Riß,
Ur-Sprung,
das Ganze sprengend:
Unliebe, Antiliebe,
Geiz statt Austausch,
Stau statt Strömung,
Geburt der Angst,
Geburt der Gewalt.

3

Und Hölle so, diesseitig:
einer versagt sich dem andern.

Kälte innen, Kälte außen,
der Wille zum Winter
im Nukleus unserer selbst,
eisig, vereisend,
»Heulen und Zähneklappen«. (MATTHÄUS 22,13; 25,30)

4

Gefrorene Kirchen auch,
noch immer
nur eigene Märtyrer ehrend,
nicht aber
– und schamvoll! –
auch jene, deren Blut
die Kirchen vergossen haben:
Juden, mißliebige Frauen,
Häretiker, Andersgläubige,
Indianer, Zigeuner.

Und noch immer
in Christi Namen:
Psychoterror,
folternd mit Gottesangst,
quälend mit liebloser Moral –
Kirchen, ihr eigenes
Wir-Sein, Da-Sein
einfrierend
im Eisschrank der Macht.

5

Um so erstaunlicher,
daß es Kirche

trotz allem
noch gibt –
ein Wunder!

Oder wem
verschlüg's nicht den Atem
vor dem Geheimnis,
daß so vielem
verfehltem Da-Sein
dennoch Zukunft entspringt?

6

Geheimnis, ja,
doch öffentlich gemacht
durch Jesus,
durch Seine befreiende Praxis:
Vergebung der Sünden,
Heilung von Kranken,
Auferweckung von Toten.

Geheimnis, ja,
doch Licht geworden
im Glauben,
daß nichts ist in Gott,
»was zu fürchten wäre;
alles, was in Gott ist,
das ist nur zu lieben.« (MEISTER ECKHART)

Denn nie solipsistisch,
nie autokratisch
lebt die gesellige Gottheit,
sondern in
immer noch anderem
Du-, Ich- und Wir-Sein,

ewig aber Sich treu,
voller Sorge,
voll Leidenschaft
werbend um Ihre Geschöpfe.

7

Vergebung der Sünden heißt:
Grünwuchs im Ur-Riß,
richtiges Leben
erblüht aus falschem.
Schwesterlichkeit, Brüderlichkeit
durchbricht, durchsprießt
verkrustete, entchristete
Christentümer:
Gemeinschaft der Heiligen.

Gemeinschaft der Heiligen

1

Der Galiläer gebot:
»Nennt niemanden auf Erden
euren Vater,
denn EINER ist euer Vater,
der himmlische.«

Schluß also und basta
mit dem Geplapper, unmündig,
von heiligen
oder von geistlichen Vätern!

Nicht länger laßt uns
– nach zwei Jahrtausenden bald –
in die Vaterfallen tappen
von Paternalismus und Hierarchie:
»EINER ist euer Meister,
ihr alle aber
seid Brüder und Schwestern.« (MATTHÄUS 23,8)

2

Rufend
»Unser Vater im Himmel« (MATTHÄUS 6,9),
bittend
»Dein Reich komme« (MATTHÄUS 6,10),
schöpfen wir neuen Mut
zum Widerspruch, Widerstand
gegen Vatergötzen
(zählebig noch immer)

und öffnen uns
dem Geist geselliger Égalité,
der seit urher
die Gottheit durchflutet.

3

Betend
»Dein Name werde geheiligt« (MATTHÄUS 6,9),
ermannen, erfrauen wir uns
zur Gemeinschaft der Heiligen,
die Geschwister, doch nicht mehr Väter,
Dienste, doch nicht mehr Ämter kennt –
eine Gemeinde, durch Gnade mündig geworden,
keinen Vormündern gefügig.

4

Betend
»Dein Wille geschehe
im Himmel wie auf Erden« (MATTHÄUS 6,10),
geloben wir uns dem Messias an,
dessen Mutter einst von Ihm sang:
»Er stürzt die Hohen vom Sitz
und hebt die Niedrigen empor.« (LUKAS 1,52)

5

Und so
Seine Magna Charta
der neuen Geselligkeit:

»Ihr wißt,
daß die Fürsten der Völker sie knechten
und die Großen Gewalt über sie ausüben.
Nicht so unter euch!

Wer unter euch groß sein will,
sei euer Diener,
wer unter euch der Erste sein will,
sei euer Knecht –
wie auch der Sohn des Menschen nicht kam,
damit ihm gedient werde,
sondern damit er diene
und sein Leben gebe
zur Befreiung für viele.« (MATTHÄUS 20,25-28)

Im Glauben, nicht im Schauen

1

Mit der Bulle
BENEDICTUS DEUS
tat 1336
Papst Benedikt XII.
den Gläubigen kund,
daß Gottes Wesenheit
vom innern Auge begnadeter Christen
geschaut werden könne.

Dieser Ansicht widersprachen
1341
1361
1368
Konzile der östlichen Kirchen:
der Schau der Begnadeten
– fanden sie heraus –
zeigten sich zwar Gottes
ungeschaffene Energien,
nie aber dessen Wesenheit selbst.

2

Ich,
wenig begnadet scheint's,
metaphysisch blind,
wurde keiner Schau teilhaftig,
weder jener der ewigen Wesenheit
noch jener der ungeschaffenen Energien
Gottes.

Wie auch könnte ich
solcher Schau gewachsen sein?
Und so leb' ich
– und lebe gern so! –
im Glauben, nicht im Schauen (vgl. 2.KORINTHER 5,7).

3

Lebe
in Gesellschaft anderer,
die vielfältig,
auch widersprüchlich,
oft Kummer bereitend,
oft ermutigend
meinen Glauben nähren.

Lebe
von Menschenworten,
alltäglich,
aber notwendig,
von Menschenhilfe,
die oft nicht ahnt,
daß sie hilft;
von Menschennähe,
in der die Göttin Gott
mir nahe kommt.

4

Glauben?
Hie und da.
Doch ohne den Glauben anderer
nicht einmal hie und da –

insofern kein Selbstversorger,
insofern nicht der Rede wert.
Ich bin, was ich bin, durch andere;
ich glaube, was ich glaube, dank anderen.
Und so,
mit jedem Atemzug:
Leben aus geselliger Gnade.

Die Religionen, der Schalom

1

Religion:
Geschichte, darin wir wurzeln;
Visionen, von denen wir zehren;
Geist, der uns nährt;
Bilder der Seele;
alte Weisung;
neue Horizonte.

Aber auch:
Fanatismus, Heuchelei;
das Patriarchat;
Greuelfratzen, Gottesgötzen;
Psychoterror, der verkrümmt;
Großinquisitoren;
Arroganz moralischer Mehrheiten;
Intoleranz.

2

Toleranz dann also?
Auf jeden Fall: Als Minimum,
als Ausgangspunkt.
Sonst aber
zu schwächlich das Wort:
Duldung, Erduldung.

Will denn die Gottheit,
weil gesellig,
nicht Neugier erregen in uns

auf Wege, auf Weisheiten anderer?
Liebt Sie denn nicht
die wechselseitige Lernlust,
die durch fremde Traditionen
neue Möglichkeiten
der eignen entdeckt?

3

Gesellig heißt die Gottheit,
weil in ihr selber Andersheit ist,
freudig bejaht.

Und so
– beziehungsreich,
in pluralem Austausch –
stimmt Gott, die Göttin,
mit Sich überein,
ist, was Sie ist:
Schalom seit urher,
Gemeinschaft gegenseitigen Andersseins,
frei von Berührungsängsten.

4

Absolutheit?
Ein Wahngebilde des Willens zur Macht,
Giftquell der Fanatismen.

Absolut ist nichts,
auch keine Religion.
Absolut ja hieße: losgelöst
von Zeit, von Geschichte.

Religionen aber: gewachsene Vielgestalt,
zeitlich, geschichtlich.
Auch das Christentum: nicht absolut!

Und Christus?
Lebte, litt zu der ihm bestimmten Zeit
unter dem ihm bestimmten Volk, den Juden;
wirkt, auferstanden,
für ein Dasein,
das alle Geschöpfe erfreut,
damit die Erde werde,
wozu sie erwählt ist:
ein Gottesplanet.

5

Aufgeboten somit
(durch Christus, sag ich, ein Christ)
zum Reiche Gottes
und Seinem Schalom,
dem gedeihlichen Gleichgewicht
der Beziehungen, Ansprüche, Gewährungen,
fortzu ausbalanciert
durch Liebe.

Und die andern Religionen?
Staunen, sag ich.
Lernen, sag ich.
Darauf achten, ob ihre Weisheit
Unterdrückung rechtfertigt
oder Mut weckt zur Befreiung.

6

Sonst aber,
was weiß ich vom Erdreich,
dem der Glaube anderer entsproß,
vom Dung, der ihn nährte,
von den Bakterien im Boden,
den Wurzeln und Säften im Dunkel?
Hab' ja nicht mitgegraben dort
oder Mist gezettet
oder mir anderswie dreckige Hände gemacht –
wie sollte ich urteilen dürfen?
Hab' ja nicht mitgelitten, mitgeschimpft, mitgefeiert
wie hier,
wie seit langem
auf diesem europäischen Acker,
im christlich-eidgenössischen Lehm
am Fuße der Alpen.

7

Nichts freilich erwart' ich
vom geschäftigen Supermarkt,
der Religionen feilhält als tauschbare Ware
oder sie gar zum Schnellimbiß hinklatscht
(Magenbrennen danach, Verdauungsbeschwerden).
Alles erwart' ich
von der geselligen Gottheit
und Ihrem Schalom,
drin Anderssein sich gegenseitig bejaht.

Beten

1

Kannst nicht beten?
Wer kann schon beten?
»Der selige Sira Jens auf Setberg
betete nie, und dabei
war er ein Heiliger, ein Prophet.
Gott würde laut lachen,
wenn ich anfinge zu beten.« (HALLDÓR LAXNESS)

2

Unverwirrt traut
der Pharisäer sich zu,
beten zu können (vgl. LUKAS 18,9-14).
Armseligkeit hingegen kann nichts,
nur stammeln, nur seufzen –
doch siehe,
mit eins ist Gott selber
(o Wunder seiner Geselligkeit!),
»der unaussprechliche Seufzer,
im Grunde der Seelen gelegen«. (THOMAS MÜNZER)

3

Mit Gebetbüchern verglichen:
Wie kurz,
wie knapp
die Gebete der Bibel!

Weder Wortschwall noch Schnickschnack,
erst recht kein Ego-Trip.

Auch lehren die 150 Psalmen
– Gemeindegesänge einst –,
daß (so Rabbi Pinchas) ein Gebet,
wenn nicht gesprochen, gesungen
im Namen ganz Israels,
kein Gebet ist.

4

Was aber beten,
was wünschen?
Daß komme,
was kommen will:
das Reich Gottes auf Erden (vgl. MATTHÄUS 6,9-13).
Und daraufhin
in jedweder Lebenslage
wach werden
für andere Menschen,
für neue Erfahrungen, Horizonte,
für Schwesterlichkeit, Brüderlichkeit
im täglichen Trubel;
für Widerstand, für Verweigerung,
wo diese nötig;
für gemeinsamen Kampf,
wenn Verderben auftritt als Heil.

Unnütz ein Beten,
das nicht
uns selber verändert.

5

»Daraufhin sah er gen Himmel,
nannte Gott zweimal Du
und schwieg lange« (JEAN PAUL) –
Geselligkeit Gottes
auch so,
in wortloser Stille.

Gottes Sein blüht gesellig

1

Wenn Gott zum Götzen verzerrt wird,
muß man sich diesem verweigern.
Wo Gott zum Tyrannen gemacht wird,
müssen wir diesen stürzen.
So fordert's
Seine Dreieinigkeit.

2

Dreieinigkeit?
Ein Männerbund! empören sich Frauen.
Zu Recht.
Zu Recht.

Und dennoch:
entwarf diese Denkfigur
die unausdenkbare Gottheit nicht
als Gemeinschaft,
vibrierend, lebendig,
beziehungsreich?
Kein einsamer Autokrat jedenfalls,
schon gar nicht Götze oder Tyrann!
Eine Art Liebeskommune vielmehr,
einer für den andern,
»dreifach spielende Minneflut«
        (MECHTHILD VON MAGDEBURG).

3

Mich stellt's jedenfalls auf,
Gott als Beziehungsvielfalt zu denken,
als Mitbestimmung, Geselligkeit,
die teilt, mit-teilt, mit anderen teilt:
»Die ganze Gottheit spielt
ihr ewig Liebesspiel.« (QUIRINUS KUHLMANN)
Und insofern:
niemals statisch,
nicht hierarchisch,
actus purus,
lustvoll waltende Freiheit,
Urzeugung der Demokratie.

4

Alsbald ins Leere
laufen da Fragen wie:
personal oder apersonal?
transzendent oder immanent?
ruhendes Sein oder ewiges Tun?
Seit urher beides
und mehr noch als beides,
ein Drittes also
und mehr als ein Drittes:
das Ganze, die Fülle
(auch von Weiblichkeit, Männlichkeit),
die unausschöpflich – End ohne Ende –
in Beziehungen blüht.

5

Will ich die gesellige Gottheit begreifen,
von Ihr Besitz ergreifen,
lang' ich ins Leere.
Und auch Sie
– von Mechthild »Frau Minne« genannt –
will nicht Besitz ergreifen von mir.
Eher berührt Sie,
wie Freunde, wie Liebende
einander berühren,
berührt,
damit überspringe der Funke, das Leben,
berührt,
damit die Besessenheit vom Besitz,
der Wille zur Macht verglühe
im Angesicht jenes Tages,
»da alle Herrschaft,
jede Gewalt oder Macht
vernichtet
und Gott alles sein wird
in allem.« (1.KORINTHER 15,24)

6

Dreieinigkeit?
Weil sexistisch
und überhaupt: Entwurf
ohne Endgültigkeit.
Gott ist Liebe,
will er sagen,
Gottes Sein blüht gesellig,
»Seine Liebe wandelt
in immer frischem Trieb
durch die Welt.« (FRANZ ROSENZWEIG)

Inhalt

Prospekte und Informationen beim

Radius-Verlag · Alexanderstraße 162 · 70180 Stuttgart
Fon 0711.607 66 66   Fax 0711.607 55 55
www.Radius-Verlag.de   radiusverlag@freenet.de